Impressum
Verlag: BABADADA GmbH, Nedderfeld 112 , 22529 Hamburg
Geschäftsführer / Verlagsleitung: Harald Hof
Druck: Books on Demand GmbH, In de Tarpen 42, 22848 Norderstedt

Imprint
Publisher: BABADADA GmbH, Nedderfeld 112 , 22529 Hamburg, Germany
Managing Director / Publishing direction: Harald Hof
Print: Books on Demand GmbH, In de Tarpen 42, 22848 Norderstedt

ቤት-ትምህርቲ

colegio

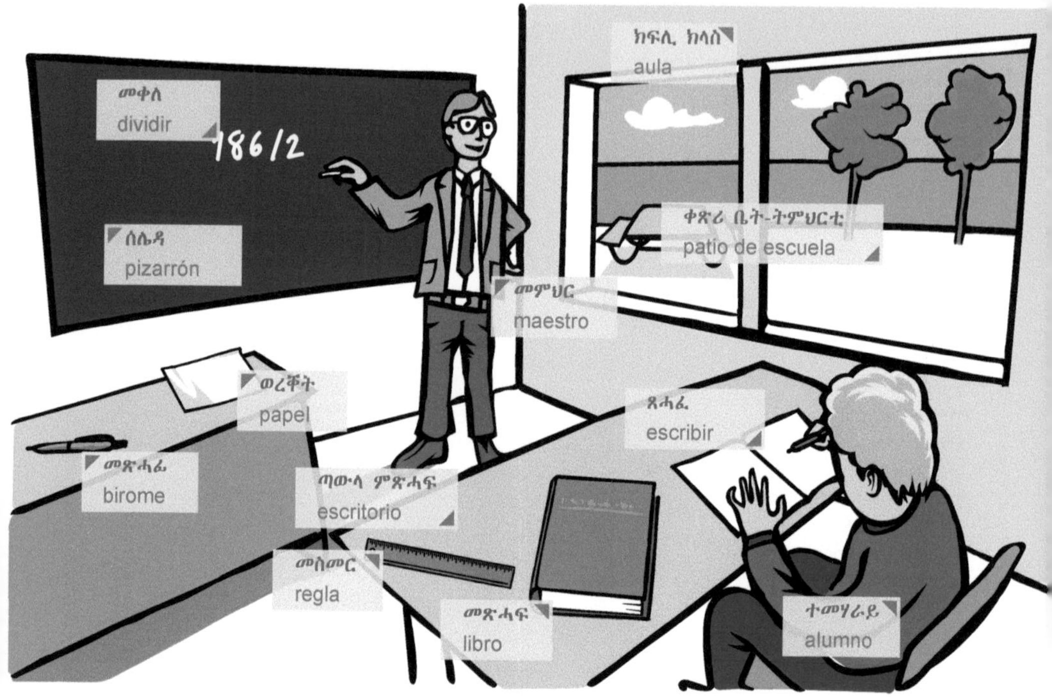

መቀለ
dividir
186/2
ሰሌዳ
pizarrón
ክፍሊ, ክላስ
aula
ቀጽሪ ቤት-ትምህርቲ
patio de escuela
መምህር
maestro
ወረቐት
papel
ጸሓፈ
escribir
መጽሓፊ
birome
ጣውላ ምጽሓፍ
escritorio
መስመር
regla
መጽሓፍ
libro
ተመሃራይ
alumno

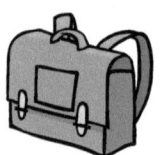

ሳንጣ ትምህርቲ

....

mochila

ሰፊር ብርዒ

....

caja de lápices

ርሳስ

....

lápiz

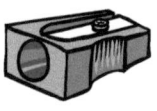

መብልሒ ርሳስ

....

sacapuntas

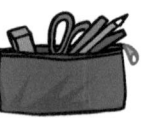

መደምሰሲ

....

goma (de borrar)

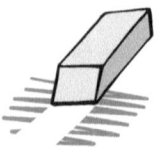

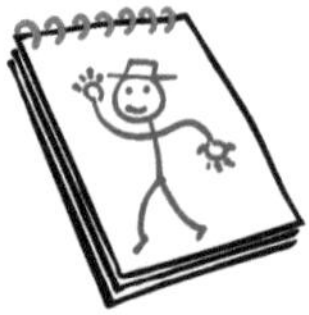

ጥራዝ ስእሊ

....

bloc de dibujo

ስእሊ

dibujo

ብሩሺ ቀለም

pincel

ቦክስ ቀለም

caja de pinturas

መቐስ

tijera

መጣበቒ

pegamento

ጥራዝ መላመዲ

cuaderno de ejercicios

ዕዮ ገዛ

tarea

12

ቁጽሪ

número

2+2

ወሲኽ

sumar

5-2

ጎደለ

restar

2×2

ረብሓ

multiplicar

ደመረ

calcular

A

ፊደል

letra

ABCDEFG HIJKLMN OPQRSTU VWXYZ

ስርዓት ፊደላት

abecedario

hello

ቃል

palabra

ጽሑፍ

texto

አንበበ

leer

ኩርሽ

tiza

ሰዓት

lección

መዝገብ ክላስ

cuaderno de clase

መርመራ

examen

ሰርቲፊከት

certificado

ድቢዛ ቤትትምህርቲ

uniforme escolar

ትምህርቲ

educación

ለክሲኮን

enciclopedia

ዩኒቨርሲቲ

universidad

ሚክሮስኮፕ

microscopio

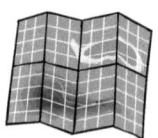

ካርታ

mapa

ጎሓፍ ወረቐት

tacho (de basura)

መገሻ

viaje

መቐበሊ ኣጋይሽ
hotel
Grand
ሆስተል
hostel
ROOMS
ቦታ ቅያር ገንዘብ
casa de cambio
EXCHANGE
ባሊጃ
valija
መኪና
auto

ቛንቛ

idioma

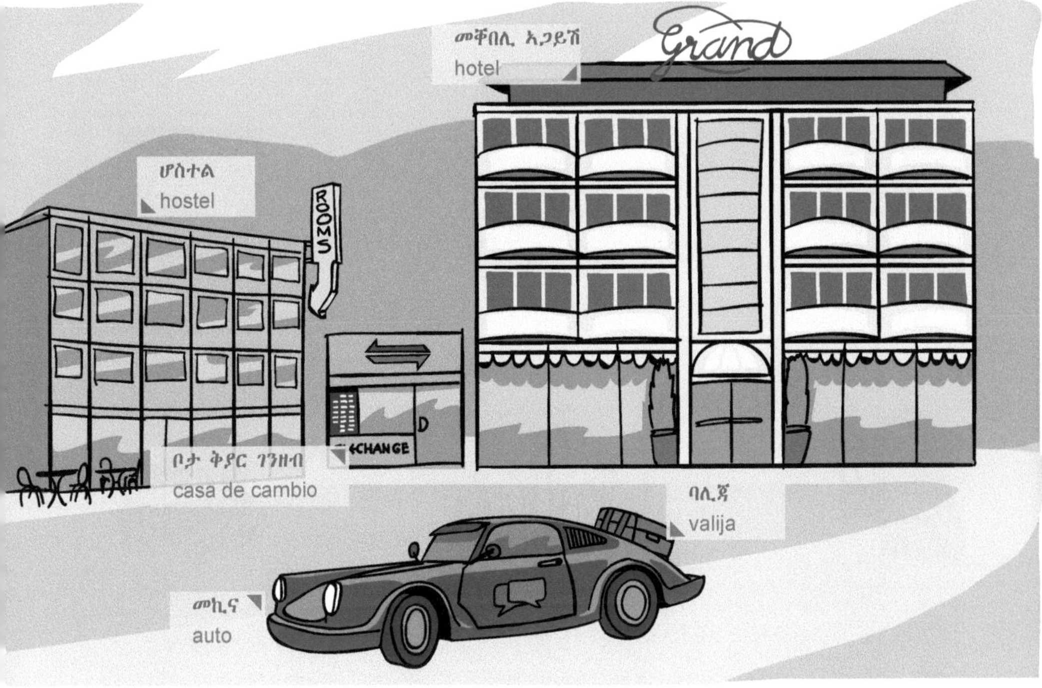

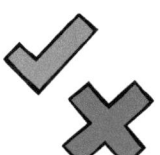

እወ / ኖ

sí / no

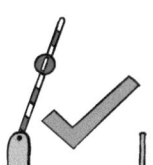

ሕራይ

Está bien

ሰላም

hola

ኣስተርጓሚ

traductor

የቐንየለይ

Gracias

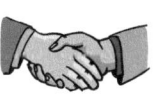

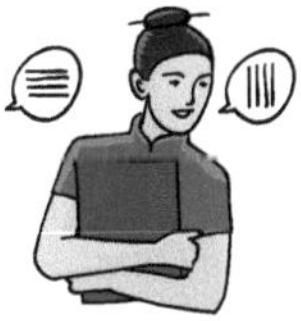

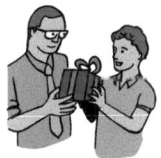

. . . ክንደይ ዋግኡ?

¿cuánto cuesta...?

አይተረድኣኹን

No entiendo

ሽግር

problema

ሰላም ምሸት!

¡Buenas tardes!

ከመይ ሓዲርካ

¡Buenos días!

ሰላም ለይቲ

¡Buenas noches!

ደሓን ኩን

adiós

አንፈት

dirección

ጉዓዝ

equipaje

ሳንጣ

bolso

ሳንጣ ሕቖ

mochila

ጋሻ

invitado

ክፍሊ

habitación

ክሻ መደቐሲ

bolsa de dormir

ቴንዳ

carpa

ሓበሬታ በጻሕቲ ሃገር
....
información turística

ገምገም ባሕሪ
....
playa

ክረዲት ካርድ
....
tarjeta de crédito

ቁርሲ
....
desayuno

ምሳሕ
....
almuerzo

ድራር
....
cena

ቲከት
....
pasaje

ሊፍት
....
ascensor

ማሕተም ደብዳበ
....
sello

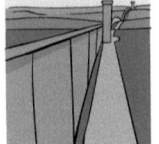

ዶብ
....
frontera

ድንና
....
aduana

ኣምበሲ
....
embajada

ቪዛ
....
visa

ፓስፖርት
....
pasaporte

መጓዓዝያ
transporte

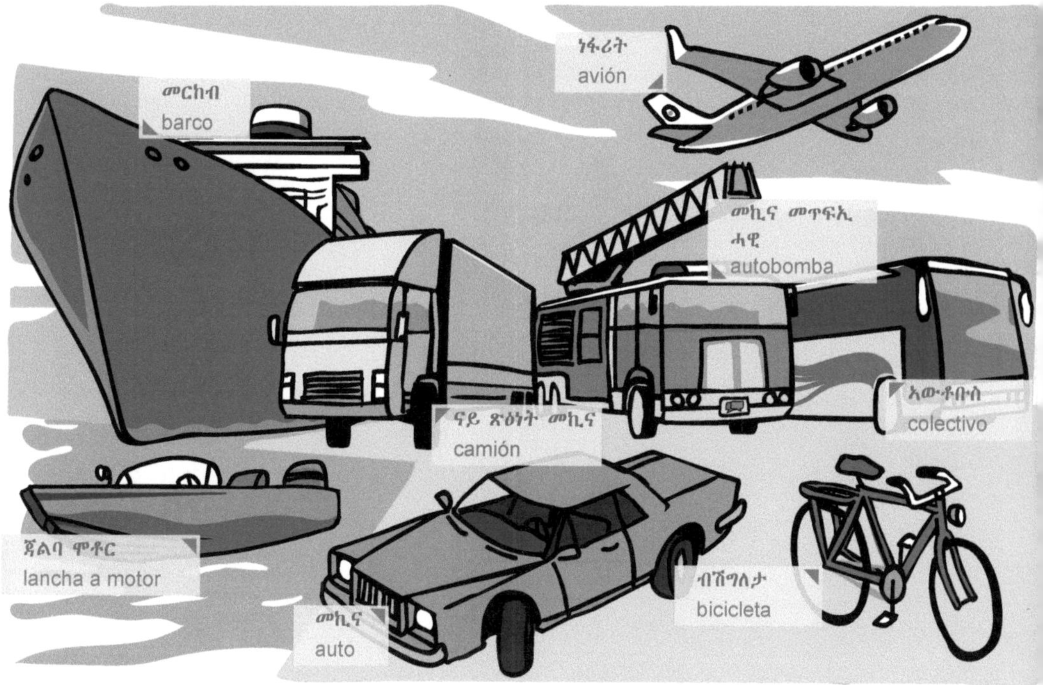

ነፋሪት
avión
መርከብ
barco
መኪና መጥፍኢ ሓዊ
autobomba
ኣውቶቡስ
colectivo
ናይ ጽዕነት መኪና
camión
ጃልባ ሞቶር
lancha a motor
ብሽግለታ
bicicleta
መኪና
auto

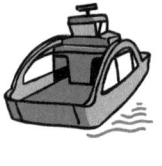

ፌሪ
ferry

ጃልባ
bote

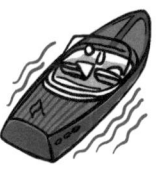

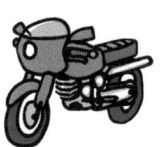

ሞቶ
moto

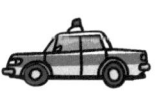

መኪና ፖሊስ
patrullero

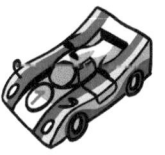

መኪና ቅድድም
auto de carreras

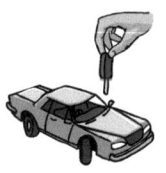

ክራይ መኪና
auto de alquiler

ምውፋይ መካይን

alquiler de autos

መወሰዲ መኪና

grúa

መኪና ጎሓፍ

camión de basura

ሞቶር

motor

ነዳዲ

nafta

እንዳ ነዳዲ

estación de servicio

ምልክት ትራፊክ

señal de tránsito

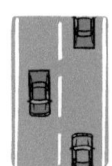

ትራፊክ

tránsito

ምጭቅጫቅ ትራፊክ

embotellamiento

መዐሸጊ መኪና

estacionamiento

መዕረፊ ባቡር

estación de tren

ሓዲግ

vías

ባቡር

tren

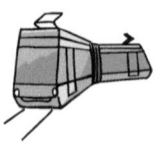

ትረም

tranvía

ባጎኒ

vagón

ሄሊኮፕተር

helicóptero

መዓረፍ ነፈርቲ

aeropuerto

ታወር

torre

ተጓዓዚ

pasajero

ኮንተይነር

contenedor

ሳንዱቅ ካርቶን

caja de cartón

ኮርሳ ጽዕነት

carretilla

ዘንቢል

canasta

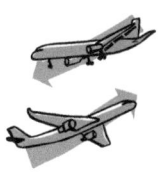

ተበገሰ / ዓለበ

despegar / aterrizar

ከተማ

ciudad

ቀሺት

pueblo

ማእከል ከተማ

centro de ciudad

ገዛ

casa

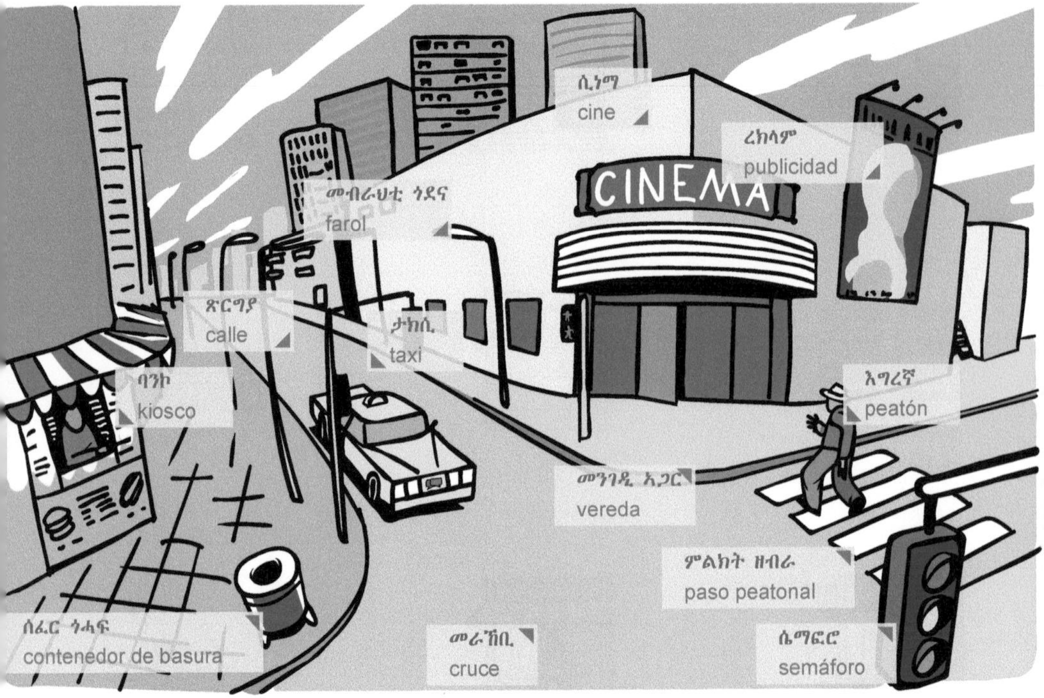

ሲነማ
cine

ረክላም
publicidad

መብራህቲ ጎደና
farol

ጽርግያ
calle

ታክሲ
taxi

እግረኛ
peatón

ባንኮ
kiosco

መንገዲ እጋር
vereda

ምልክት ዘብራ
paso peatonal

ሰረር ጉሓፍ
contenedor de basura

መራኸቢ
cruce

ሴማፎር
semáforo

CINEMA

አጉዶ
....
cabaña

አፓርትመንት
....
departamento

መዕረፊ ባቡር
....
estación de tren

ቤት ምምሕዳር
....
municipalidad

ቤተ መዘክር
....
museo

ቤት-ትምህርቲ
....
colegio

ዩኒቨርሲቲ

universidad

ባንክ

banco

ሆስፒታል

hospital

መቆበሊ አጋይሽ

hotel

ቤት መድሃኒት

farmacia

ቤት ጽሕፈት

oficina

ዱኳን መጽሐፍቲ

librería

ዱኳን

negocio

ዱኳን ዕንባባ

florería

ሱፐርማርከት

supermercado

ዕዳጋ

mercado

ሹቅ

grandes tiendas

ነጋዳይ ዓሳ

pescadería

ሹቅ

centro comercial

መርሳ

puerto

መዘናግኢ
parque

ባንኪ
banco

ድልድል
puente

መደያይቦ
escaleras

ባቡር ትሕቲ ምድሪ
subte

ቢንቶ
túnel

መዕረፊ አውቶቡስ
parada del colectivo

ቤት መስተ
bar

ቤት-መግቢ
restaurante

ስታሪት
buzón

ታቤላ
letrero

ሰዓት ፓርኪንግ
parquímetro

መካነ እንስሳታት
zoológico

መሓምበሲ
pileta

መስጊድ
mezquita

ቤት ሕርሻ

granja

ብከላ

contaminación

መቃብር

cementerio

ቤተክርስትያን

iglesia

ቦታ ምጽዋት

juegos infantiles

ቤት መቕደስ

templo

ስእሊ መሬት

paisaje

አቝጽልቲ
hoja

መሕበሪ መገዲ
poste indicador

መገዲ
camino

ሜዳ
pradera

እምኒ
piedra

ኮብላሊ
excursionista

ኣግራብ
árbol

ፈለግ
río

ሳዕሪ
hierba

ዕንባባ
flor

ስንጭሮ
valle

ጎበ
montaña

ቀላይ
lago

ዱር
bosque

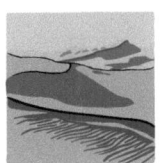

ምድረ በዳ
desierto

እሳተ-ጎመራ
volcán

ግምቢ
castillo

ቀስተ-ደመና
arco iris

ቃንጥሻ
champiñón

ዓርኮብኮባይ
palmera

ጣንጡ
mosquito

ሃመማ
mosca

ጻጸ
hormiga

ንህቢ
abeja

ሳሬት
araña

ሕንዚዝ

escarabajo

ዕንቅርዖብ

rana

ምጽጹላይ

ardilla

ቅንፍዝ

erizo

ማንቲለ

liebre

ጉንጓ

lechuza

ጭሩ

pájaro

ስዋን

cisne

መፍለስ

jabalí

ዓጋዘን

ciervo

ሙስ

alce

ግድብ

presa

ተርባይን ንፋስ

aerogenerador

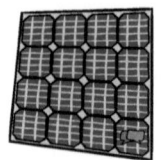

ሶላር ስርሓት

panel solar

ኩነታት ኣየር

clima

አሰላሪ
mozo

ካርታ መግብታት
menú

መንበር
silla

ፒትሳ
pizza

መረቕ
sopa

መመታተሪ
cubiertos

ክዳን ጣውላ
mantel

ቅድመ ቀንዲ መግቢ
entrada

ቀንዲ መአዲ
plato principal

ድሕሪ መግቢ
postre

መስተ
bebidas

መግቢ
comida

ጥርሙዝ
botella

ስሉጥ መግቢ

comida rápida

መግቢ ጽርግያ

comida callejera

ብርጭቆ ሻሂ

tetera

ታኒካ ሽኮር

azucarera

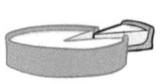

ክፋል

porción

ማሺን ኤስፕረሶ

cafetera expreso

ነዊሕ መንበር

sillita alta

ጸብጸብ

cuenta

ታብለት

bandeja

ካራ

cuchillo

ፋርከታ

tenedor

ማንካ

cuchara

ማንካ ሻሂ

cucharita

ሰርቪየት

servilleta

ብኬሪ

vaso

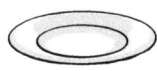

ሸሓኒ

plato

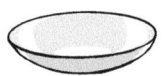

ሸሓኒ መረቅ

plato hondo

ትሕቲ ኩባያ

plato

ጸብሒ

salsa

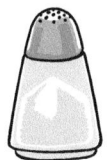

ወሃቢ ጨው

salero

መጥሓኒ በርበረ

molinillo de pimienta

አቾቶ

vinagre

ዘይቲ

aceite

ቀመም

especias

ከቹፕ

kétchup

አድሪ

mostaza

ማዮኔዝ

mayonesa

ሱፐርማርክት

supermercado

ወፈያ
oferta especial
FOR
ዓሚል
cliente
ፍርያታት ጻባ
lácteos
ፍረታት
fruta
ሰረገላ ዱኳን
changuito

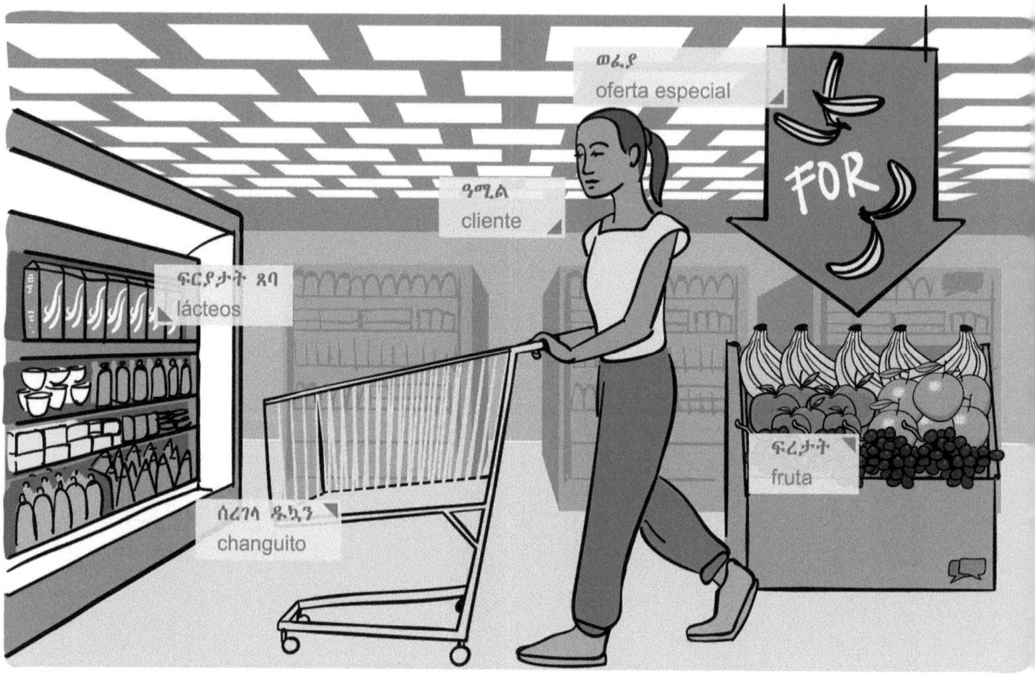

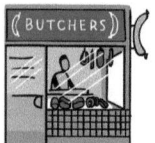

BUTCHERS

እንዳ ስጋ

carnicería

BAKERY

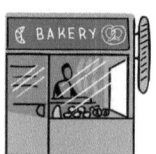

እንዳ ባኒ

panadería

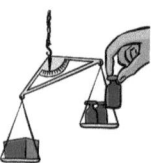

ክብደት

pesar

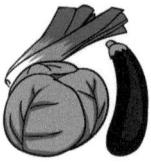

ኣሕምልቲ

verduras

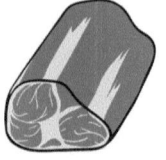

ስጋ

carne

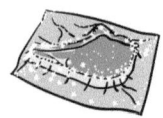

መግቢ ፍሪጅ በረድ

alimentos congelados

ዝሑል ቅሩብ መግቢ.
fiambres

እስታጥላ
alimentos enlatados

ኦሞ
detergente en polvo

ምቁር መግቢ.
golosinas

ዘቤታውያን ኣቕሑ
electrodomésticos

ናውቲ መጸረዪ.
productos de limpieza

ሸቃጣይ
vendedora

ካሳ
caja

ተሓዝ ገንዘብ
cajero

ዝርዝር ምግዛእ
lista de compras

ክፉት ሰዓታት
horario de atención

ማሕፉዳ
billetera

ክረዲት ካርድ
tarjeta de crédito

ሳንጣ
cartera

ፌስታል
bolsa de plástico

ማይ

agua

ጁማቄ

jugo

ጸባ

leche

ኮላ

bebida cola

ነቢት

vino

ቢራ

cerveza

አልኮል

alcohol

ካካው

cacao

ሻሂ

té

ቡን

café

ኤስፕረሶ

café expreso

ካፑቺኖ

cappuccino

ባናና

banana

ቱፋሕ

manzana

አራንጂ

naranja

ብርጭቆ

melón

ለሚን

limón

ካሮት

zanahoria

ጸዕዳ ሽጉርቲ

ajo

ባምቡስ

bambú

ሽጉርቲ

cebolla

ቅንጥሻ

champiñón

ፉል

nueces

ፓስታ

fideos

ስፓገቲ

tallarines

ሩዝ

arroz

ሰላጣ

ensalada

ቅልዋ ድንሽ

papas fritas

ቅሉው ድንሽ

papas fritas

ፒትሳ

pizza

ሃምቡርገር

hamburguesa

ፓኒኖ

sándwich

ቢስተካ

churrasco

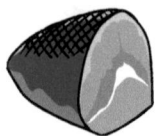

ሰለፍ ሓሰማ

jamón

ሳላሚ

salame

ግዕዝም

salchicha

ደርሆ

pollo

ቀለወ

asado

ዓሳ

pescado

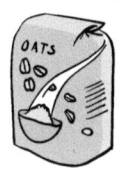

ገዓት
copos de avena

ሙስሊ
muesli

ኮርንፍለይክስ
copos de maíz

ሓርጭ
harina

ክሮሶን
medialuna

ባኒ
pancito

ባኒ
pan

ቶስት
tostada

ብሽኮቲ
galletitas

ጠስሚ
manteca

ርጎኦ
cuajada

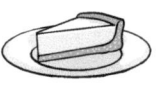

ፓስተ
torta

እንቋቍሓ
huevo

ቅሉው እንቋቍሓ
huevo frito

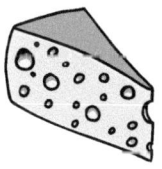

ፋርማጆ
queso

አይስ ክሪም
....
helado

ሽኮር
....
azúcar

መዓር
....
miel

ጂም
....
mermelada

ኑጋት-ክረም
....
pasta de chocolate

ኩሪ
....
curry

ቤት ሕርሻ
granja

ሓሰር ቦንዳ
fardo de paja

መኽዘን
granero

ግራት
campo

ፈረስ
caballo

ተስሓቢ
remolque

ዒሱ
potrillo

ትራክተር
tractor

አድጊ
burro

ዕየት
cordero

በጊዕ
oveja

ጤል
cabra

ብዕራይ
vaca

ምራኽ
ternero

ሓሰማ
cerdo

ውላድ ሓሰማ
lechón

እርሓ
toro

ዓሳ
ganso

ማይ ደርሆ
pato

ጫቚፉት
pollo

ደርሆ
gallina

ኣርሓ ደርሆ
gallo

ኣንጨዋ ዓባይ
rata

ድሙ
gato

ኣንጭዋ
ratón

ብዕራይ
buey

ከልቢ
perro

ኣጉዶ ከልቢ
cucha

ቱባ ጀርዲን
manguera

መዝፈሪ ማይ
regadera

ዓቢ ማዕጺድ
guadaña

ማሕረሻ
arado

ማዕጺድ

hoz

ጭኳር

azada

መስአ

horquilla

ፋስ

hacha

ዓረብያ ኢድ

carretilla

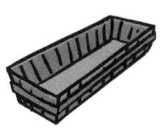

ጋብላ

abrevadero

ብርጭቆ ጸባ

lechera

ክሻ

bolsa

ሓጹር

reja

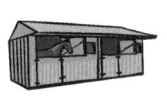

መንሰስ

establo

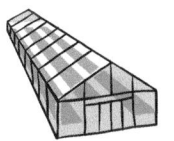

ቆጠልያ ገዛ

invernadero

ባይታ

suelo

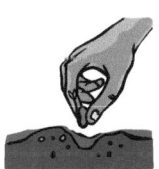

ዘርኢ

semilla

ድኹዒ

fertilizador

ዘጣምር ቀውዓይ

cosechadora

ቀውዐ
cosechar

ጸማ
cosecha

ድንሽ ያም
batatas

ስርናይ
trigo

ሶያ
soja

ድንሽ
papa

ዕፉን
maíz

ራፕስ
semilla de colza

ገረብ ፍረታት
árbol frutal

ማኒኦክ
mandioca

አእኻል
cereales

ገዛ

casa

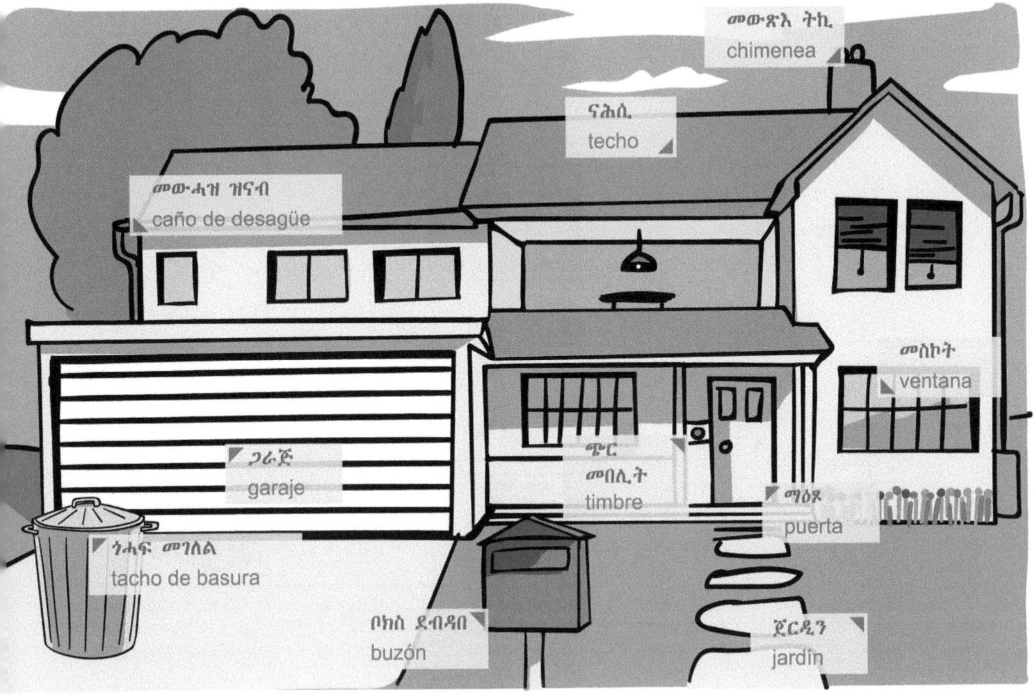
መውጽእ ትኪ
chimenea
ናሕሲ
techo
መውሓዝ ዝናብ
caño de desagüe
መስኮት
ventana
ጋራጅ
garaje
ጭር
መብሊት
timbre
ማዕጾ
puerta
ጎሓፍ መገለል
tacho de basura
ቦክስ ደብዳበ
buzón
ጀርዲን
jardín

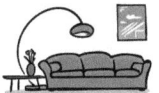

ክፍሊ ምቕማጥ

living

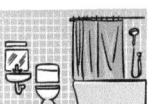

ክፍሊ ባንዮ

baño

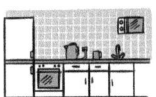

ክሽነ

cocina

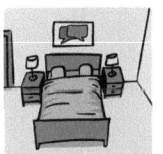

ክፍሊ መደቀሲ

dormitorio

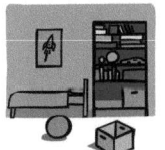

ክፍሊ ቆልዑ

cuarto de los chicos

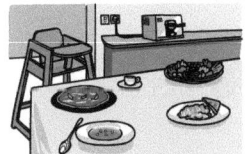

መመገቢ ክፍሊ

comedor

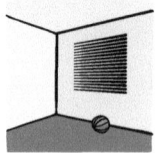

ባይታ

piso

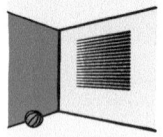

መንደቅ

pared

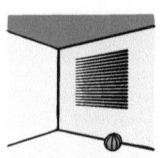

ከቦርታ

cielorraso

ካንቲና

sótano

ሳውና

sauna

ባልኮን

balcón

ዛላ

terraza

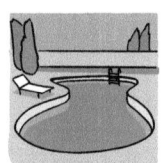

መሕምበሲ

pileta

መቑረጺ ሳዕሪ

cortadora de pasto

አንሶላ ዓራት

sábana

ከቦርታ ዓራት

acolchado

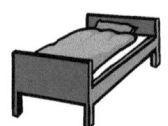

ዓራት

cama

መኽሰተር

escoba

መገለል

balde

መወልዒት

interruptor

ክፍሊ ምኽማጥ

living

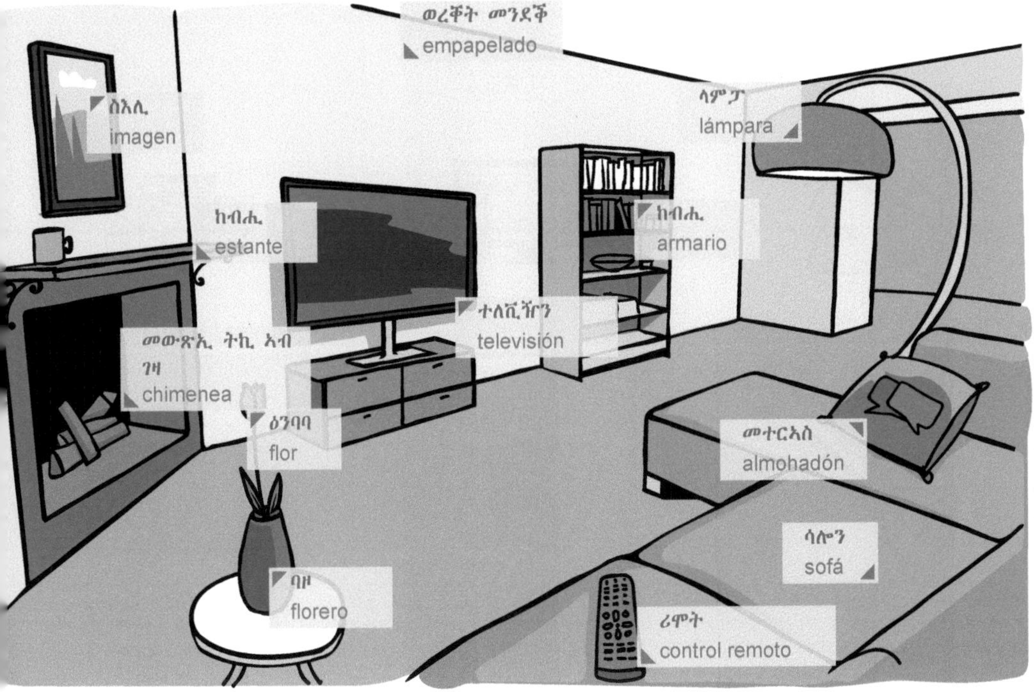

ወረቐት መንደቕ
empapelado
ስእሊ
imagen
ላምፓ
lámpara
ክብሒ
estante
ክብሒ
armario
ተለቪዥን
televisión
መውጽኢ ትኪ ኣብ ገዛ
chimenea
ዕንባባ
flor
መተርኣስ
almohadón
ሳሎን
sofá
ባዞ
florero
ሪሞት
control remoto

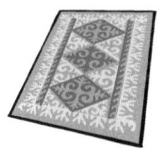

መንጸፍ

alfombra

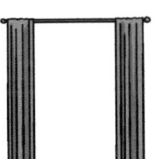

መጋረጃ

cortina

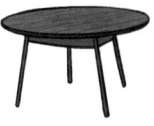

ጣውላ

mesa

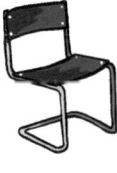

መንበር

silla

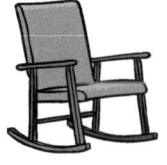

ሰለል ዝብል መንበር

mecedora

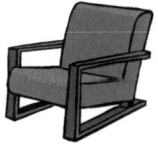

መንበር ምቹእ

sillón

መጽሓፍ

libro

ከቦርታ

frazada

ስልማት

decoración

እንጨይቲ ሓዊ

leña

ፊልም

película

ስተረዮ

equipo de música

መፍትሕ

llave

ጋዜጣ

diario

ቅብኣ

pintura

ፖስተር

póster

ሬድዮ

radio

ጥራዝ

cuaderno

መልገሲ ደሮና

aspiradora

በለስ

cactus

ሽምዓ

vela

ክሽነ
cocina

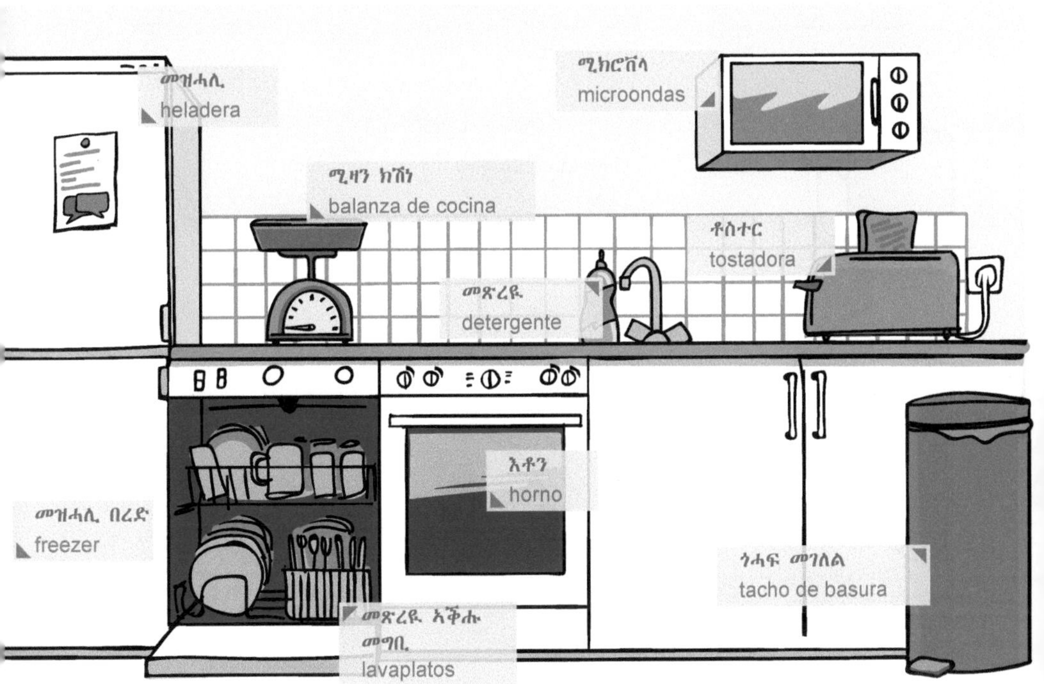

መዝሓሊ
heladera
ሚክሮቨላ
microondas
ሚዛን ክሽነ
balanza de cocina
ቶስተር
tostadora
መጽረዪ
detergente
እቶን
horno
መዝሓሊ በረድ
freezer
ጎሓፍ መገለል
tacho de basura
መጽረዪ ኣቕሑ መግቢ
lavaplatos

መኽሸኒ

cocina

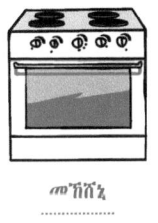

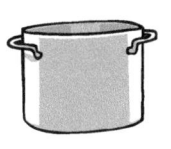

ድስቲ

olla

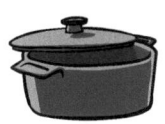

ድስቲ ሓጺን

olla de hierro fundido

ቮክ/ካዳይ

wok

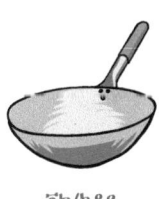

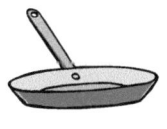

ባደላ

sartén

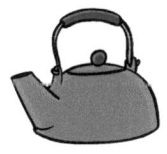

መውዓዪ ማይ

pava

መፍልሒ

vaporera

ጓንቴራ ምስንካት

bandeja de horno

ኣቝሑ መግቢ

vajilla

ብርጭቆ

taza

ጭሓሎ

bol

ማንካቺና

palitos

ማንካ መረቕ

cucharón

መገልበጢ ባደላ

estpátula

መኹስተር ውርጪ

batidora

መንፊት መግቢ

colador

መንፊት

colador

መፋሕፍሒ

rallador

ሞርታር

mortero

ባርቢክዩ

parrilla

ስፍራ ሓዊ

fogata

እንጨይቲ ምምታር

tabla de picar

እንጨይቲ ኮረር

palo de amasar

መኽፈት ቡሽ

sacacorchos

ታኒካ

lata

መኽፈቲ ታኒካ

abrelatas

ጨርቂ ድስቲ

manopla

ቡምባ

pileta

ኣስባስላ

cepillo

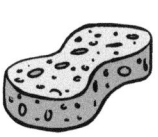

ሰፍነግ

esponja

ሓዋሲ ኣደባላጇ

batidora

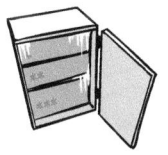

መዝሓሊ በረድ

congelador

ጥርሙዝ ማማይ

mamadera

ቡምባ ማይ

canilla

ክፍሊ ባንዮ
baño

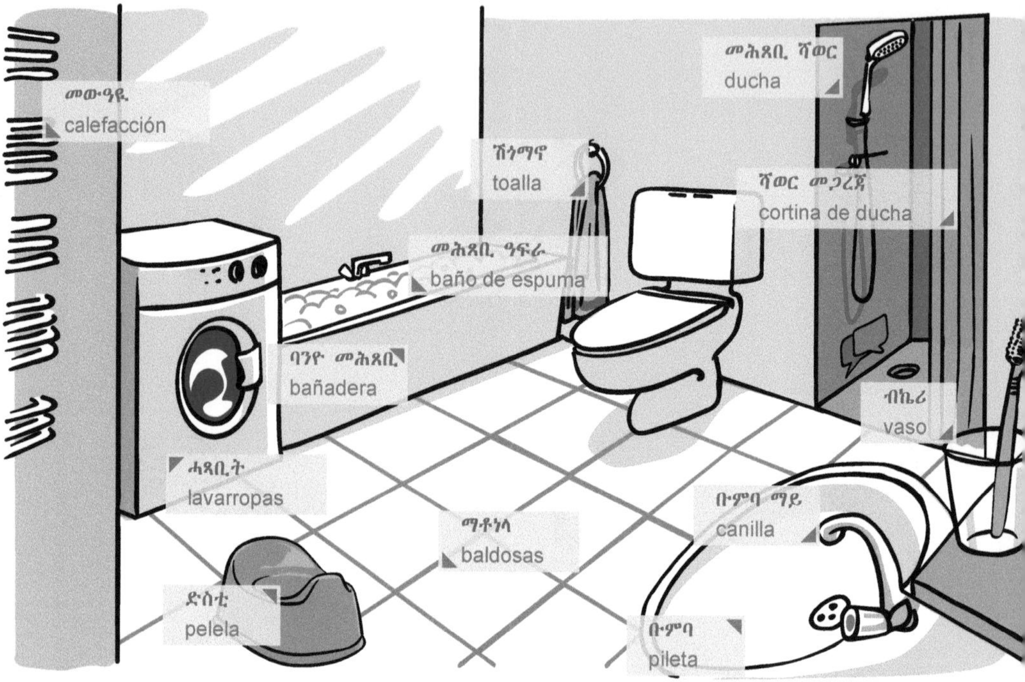

መውዓዪ
calefacción
መሕጸቢ ሻወር
ducha
ሽጎማኖ
toalla
ሻወር መጋረጃ
cortina de ducha
መሕጸቢ ዓፍራ
baño de espuma
ባንዮ መሕጸቢ
bañadera
ብኬሪ
vaso
ሓጻቢት
lavarropas
ቡምባ ማይ
canilla
ማቶነላ
baldosas
ድስቲ
pelela
ቡምባ
pileta

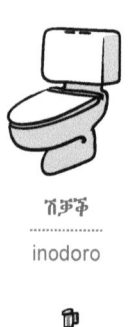

ሽቓቕ
inodoro

ሽቓቕ ኮፍ
letrina

በዴ
bidé

ሽቓቕ ተባዕታይ
mingitorio

ወረቐት ሽቓቕ
papel higiénico

ኣስባስላ ሽቓቕ
cepillo para el inodoro

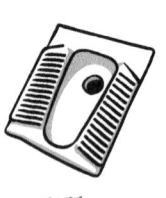

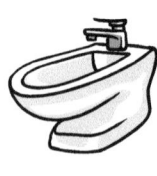

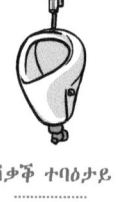

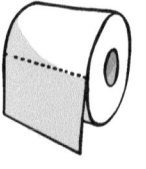

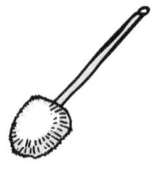

አስባስላ ስኒ

cepillo de dientes

ክረማ ስኒ

dentífrico

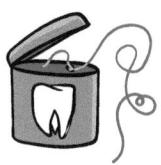

ሃሪ ስኒ

hilo dental

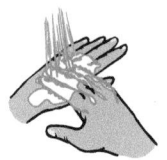

ሓጸበ

lavar

ዱሽ ኢ.ድ

ducha de mano

ዱሽ

ducha higiénica

ብርጭቆ ምሕጸብ

palangana

አስባስላ ሕቖ

cepillo para espalda

ሳምና

jabón

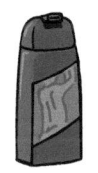

ሻወር ጀል

gel de ducha

ሻምፑ

shampoo

ጨርቂ መሕጸቢ.

toallita

መውሓዚ.

desagüe

ክረማ

crema

ደዮ ጨና

desodorante

መስትያት
espejo

ናይ ኢድ መስትያት
espejito

መላጸ
maquinita de afeitar

ዓፍራ ምልጸይ
espuma de afeitar

ጨና ድሕሪ ምልጸይ
aftershave

መመሸጥ
peine

አስባስላ
cepillo

መንቻጺ ጸግሪ
secador de pelo

ስፕረይ ጸግሪ
spray

መመላኽዒ
maquillaje

ብርዒ ቀለም ከንፈር
lápiz de labios

አዝማልቶ
esmalte para uñas

ጸምሪ ጡጥ
algodón

መስደዲ ጽፍሪ
tijera para uñas

ጨና
perfume

ሳንጣ መሕጸቢ

portacosméticos

ድኳ

banqueta

ሚዛን

balanza

ክዳን መሕጸቢ

bata

ጓንቲ መጸረዪ

guantes de goma

ታምፓን

tampón

ጨርቂ ሰበይቲ

toallita femenina

ሽቓቕ ከሚስትሪ

baño químico

ክፍሊ ቆልዑ

cuarto de los chicos

ኣላርም መተስኢ
despertador
መጻወቲ እንስሳ
peluche
መጻወቲ መኪና
coche de juguete
ኳሕኳሕ
መበሊ
sonajero
ቤት ባምቡላ
casa de muñecas
ህያብ
regalo

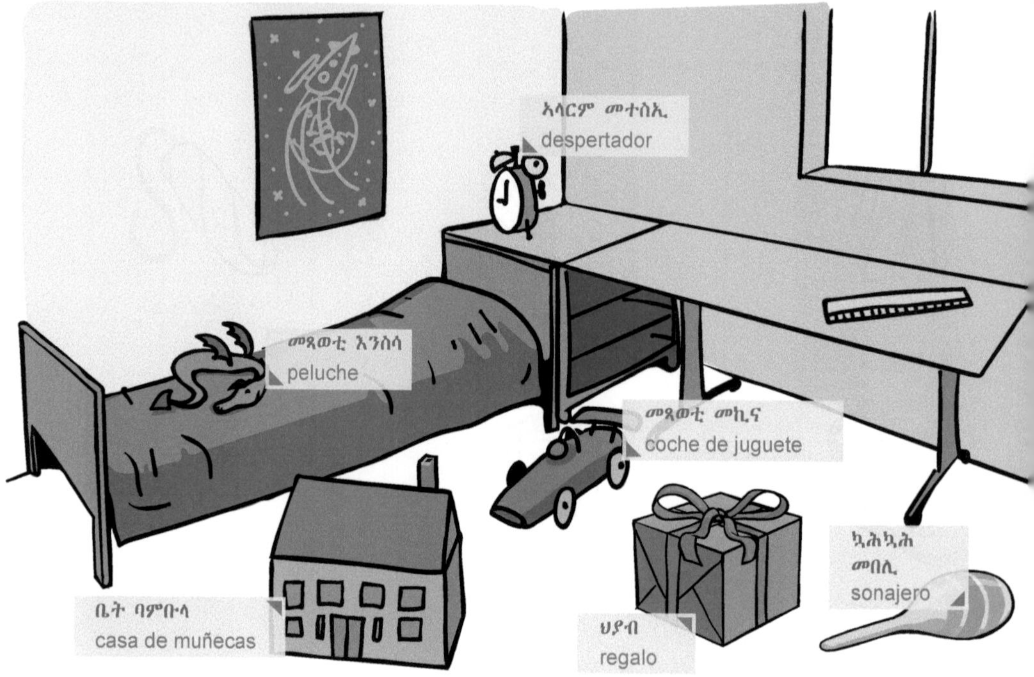

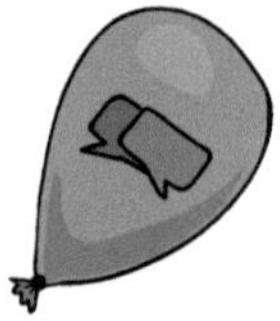

ባላንችና
globo

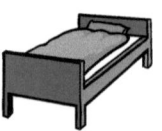

ዓራት
cama

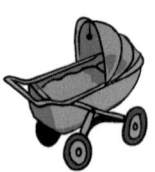

ሰረገላ ህጻን
cochecito

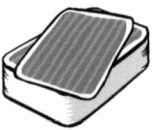

ጸወታ ካርታ
cartas

ሕንቅሊተይ
rompecabezas

SUPER MEGA

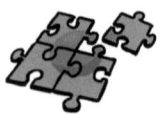

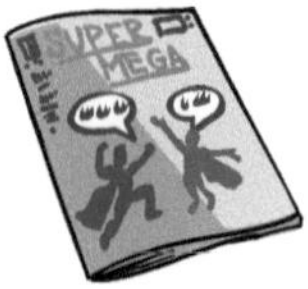

ኮሜዲ
historieta

እምንታት መጸወቲ ለጎ
piezas de lego

መጸወቲ እምንታት
ladrillos de juguete

በዓል አክቸን
figura de acción

ክዳን ማማይ
enterito (de bebé)

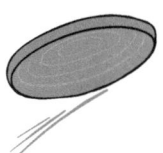

ፍሪስቢ
frisbee

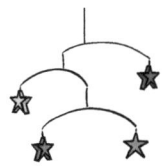

ሞባይል ማማይ
móvil para bebés

ጸወታ ሰሌዳ
juego de mesa

ኩቦ
dados

ሞደል ባቡር ምድሪ
tren eléctrico

ዓባስ
chupete

ፓርቲ
fiesta

መጽሓፍ ስእሊ
libro de cuentos ilustrado

ኩዕሶ
pelota

ባምቡላ
muñeca

ተጻወተ
jugar

መጻወቲ ሓጻ
arenero

ሰላል
hamaca

መጻወቲታት
juguetes

ኮንሶል ቪድዮ
consola de videojuegos

መጻወቲ ሰለስተ መንኮርኮር
triciclo

ተዲ
osito de peluche

ከብሒ ክዳን
armario

ካልስታት
medias

ነዊሕ ካልስታት
medias panty

ስረ ካልሲ
calzas

ሻርባ
bufanda

ጽላል
paraguas

ቀልፊ
cinturón

ማልያ
remera

ስኒከርስ
zapatillas

ረፋዕ
botas

ጫማ ገዛ
pantuflas

ሻበጥ
....
sandalias

ጫማ
....
zapatos

ረፋዕ ጎማ
....
botas de goma

ሙታንታ
....
ropa interior

ክዳን ጡብ
....
corpiño

ትሕተ ካሚቻ
....
chaleco

ቦዲ

body

ስሪ

pantalones

ጂንስ

jeans

ቀምሽ

pollera

ካምቻ

blusa

ካሚቻ

camisa

ጉልፈ

pulóver

ጎልፈ

buzo

ጃኬት

blazer

ጃከት

campera

ጆባ

tapado

ክዳን ዝናብ

piloto

ኮስቱም

traje

ቀምሽ

vestido

ቀምሽ መርዓ

vestido de novia

ልብሲ.

traje

ካሚቻ ለይቲ

camisón

ክዳን ለይቲ

pijama

ሳሪ

sari

መሃረብ ርእሲ.

pañuelo para cabeza

ቱርባን

turbante

ቡርካ

burka

ካፍታን

caftán

አባያ

abaya

ክዳን መሕምበሲ.

traje de baño

ስረ መሕምበሲ.

short de baño

ሓጺር ስረ

shorts

ክዳን ታዕሊም

jogging

በጃ ክዳን

delantal

ጓንቲ

guantes

መልጎም
....
botón

መነጽር
....
anteojos

በንናጅር
....
pulsera

ማዕተብ
....
collar

ቀለበት
....
anillo

ኩትሻ
....
aro

ቆብዕ
....
gorra

መንበሪ ጁባ
....
percha

ባርኔጣ
....
sombrero

ካርራቫት
....
corbata

ሻርኔጣ
....
cierre

ሀልመት
....
casco

መድልደል ስረ
....
tiradores

ድቢዛ ቤትትምህርቲ
....
uniforme escolar

ድቢዛ
....
uniforme

ሰደርያ ቆልዓ

babero

ዓባስ

chupete

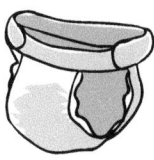

ጨርቂ ማማይ

pañal

ቤት ጽሕፈት
oficina

ሰርቨር
servidor

ከብሒ ሰነድ
archivero

ፕሪንተር
impresora

ሞኒተር
monitor

ወረቐት
papel

ጣውላ ምጽሓፍ
escritorio

አንጭዋ
mouse

ሓጀሬ
carpeta

ኪቦርድ
teclado

ጎሓፍ ወረቐት
tacho (de basura)

ኮምፒተር
computadora

መንበር
silla

ብርጭቆ ቡን

taza de café

ካልኩለተር

calculadora

ኢንተርነት

internet

ለፕቶፕ
....
laptop

ደብዳበ
....
carta

መልእኽቲ
....
mensaje

ሞባይል
....
celular

ነትወርክ/መርበብ
....
red

መቅድሒ ፎቶኮፒ
....
fotocopiadora

ሶፍትዌር
....
software

ተለፎን
....
teléfono

ሶከት ኣረንቲ
....
tomacorriente

ፋክስ
....
fax

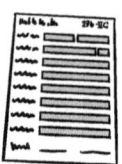

ፎርም
....
formulario

ሰነድ
....
documento

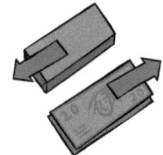

ገዛ

comprar

ከፈለ

pagar

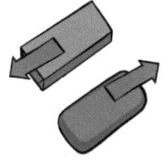

ንግዲ

hacer negocios

ገንዘብ

dinero

ዶላር

dólar

አይሮ

euro

የን

yen

ሩብል

rublo

ስዊዝ ፍራንከን

franco suizo

ረንሚንቢ ዩዋን

yuan

ሩፒየ

rupia

መውጽኢ ማሺን ገንዘብ

cajero automático

በታ ቅያር ገንዘብ

casa de cambio

ወርቂ

oro

ብሩር

plata

ዘይቲ

petróleo

ሓይሊ

energía

ዋጋ

precio

ውዕል

contrato

ቀረጽ

impuesto

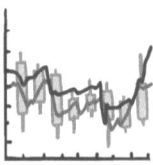

እኩብ ጥረ-ነገራት

acción

ሰርሐ

trabajar

ሰራሕተኛ

empleado

ኣስራሒ

empleador

ትካል

fábrica

ዱኳን

negocio

ሞያታት

ocupaciones

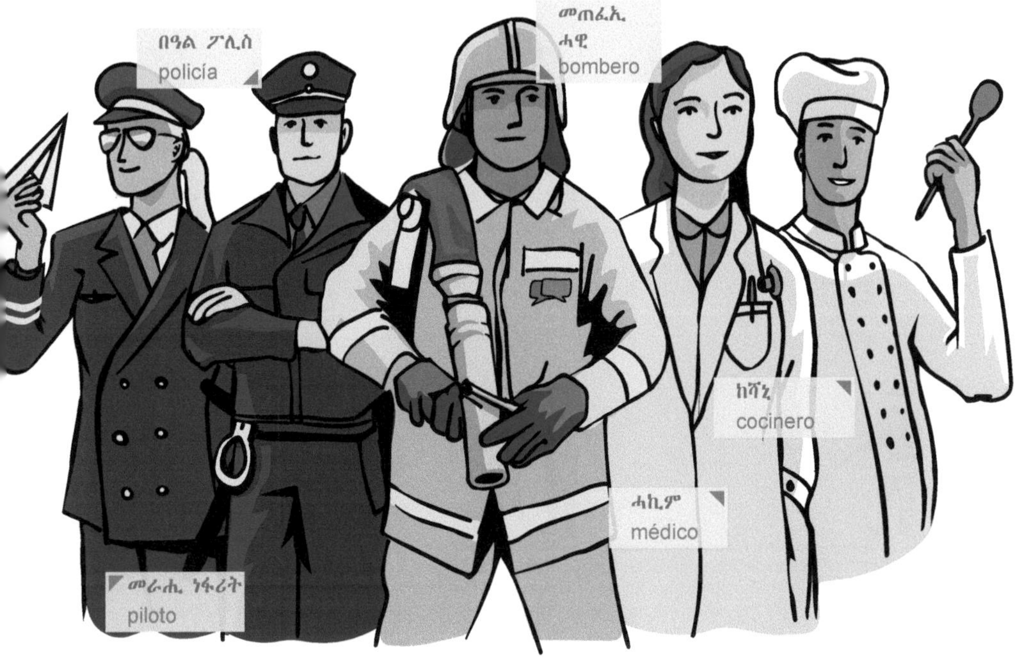

በዓል ፖሊስ
policía
መጠፊኢ ሓዊ
bombero
ከሻኒ
cocinero
ሓኪም
médico
መራሒ ነፋሪት
piloto

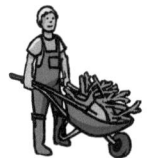

ሰራሕተኛ ጀርዲን

jardinero

ጸራቢ ዕንጸይቲ

carpintero

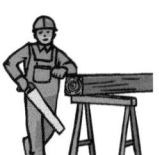

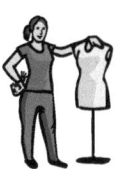

ሰፋዪት

modista

ፈራዳይ

juez

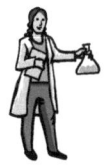

ቀማሚ

farmacéutico

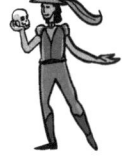

ተዋሳኢ

actor

መራሒ አዉቶቡስ
....
colectivero

አዉቲስታ ታክሲ
....
taxista

ገፋፊ ዓሳ
....
pescador

ጸራጊት
....
mucama

ሃናጻይ ናሕሲ
....
techista

አሰላፊ
....
mozo

ሃዳናይ
....
cazador

ሰአላይ
....
pintor

እንዳ ሕብስቲ
....
panadero

ኤለትሪከኛ
....
electricista

ሃናጺ አባይቲ
....
albañil

ሃንዳሲ
....
ingeniero

ሰራሕተኛ እንዳ ስጋ
....
carnicero

ድራብሊኮ
....
plomero

አማላሲ ፖስጣ
....
cartero

ወተሃደር

soldado

መሃንድስ

arquitecto

ተሓዝ ገንዘብ

cajero

ሰራሕተኛ ዕምባባ

florista

ቀምቃማይ

peluquero

ፈተሪኖ

cobrador

መካኒክ

mecánico

መራሒ መርከብ

capitán

ሓኪም ስኒ

dentista

ተመራማሪ

científico

ራቢ

rabino

ኢማም

imán

ፈላሲ

monje

ቀሺ

sacerdote

herramientas

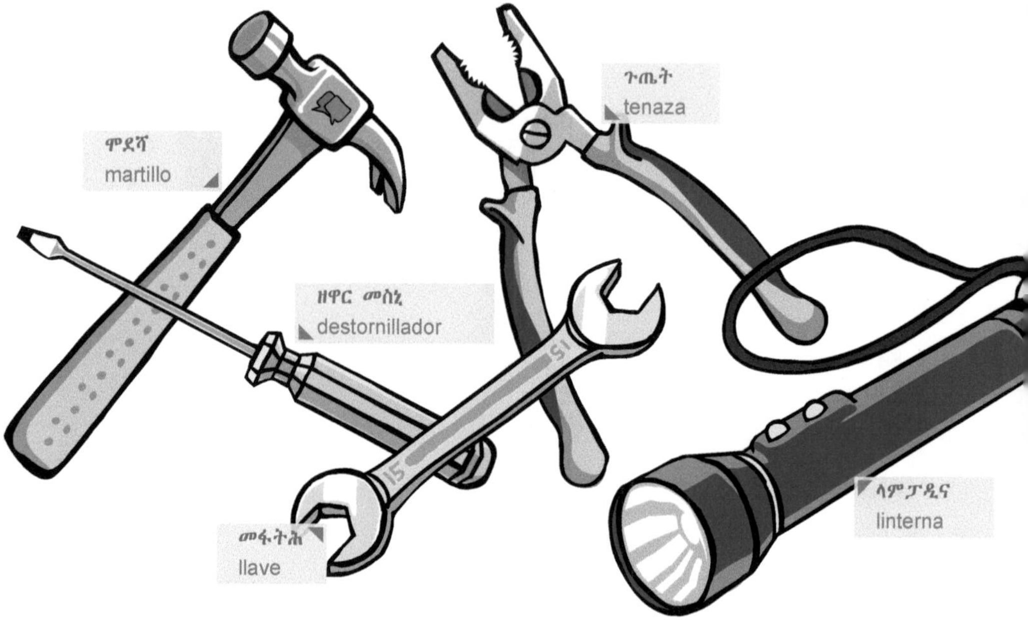
ሞደሻ
martillo
ጉጤት
tenaza
ዘዋር መስኒ
destornillador
መፋትሕ
llave
ላምፓዲና
linterna

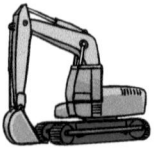

ፈሓሪ

excavadora

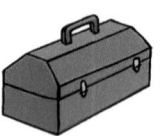

ናውቲ ቦክስ

caja de herramientas

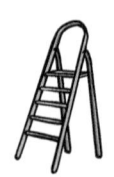

መደያይቦ

escalera portátil

መጋዝ

sierra

መስማር

clavos

ኰዓቲ

taladro

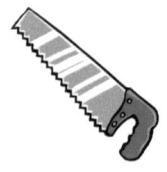

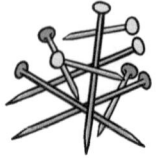

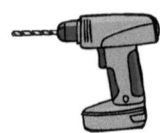

ምዕራይ
arreglar

ባደላ
pala de jardín

አይ!
¡Qué bronca!

መትሓዚ ዶሮና
pala de plástico

ድስቲ ቀለም
tacho de pintura

ካቺቢተ
tornillos

መሳርሒ ሙዚቃ

instrumentos musicales

ከበሮታት
batería

እስፒከር
parlante

ሪጎ፡ድ ዓባይ ጊታር
contrabajo

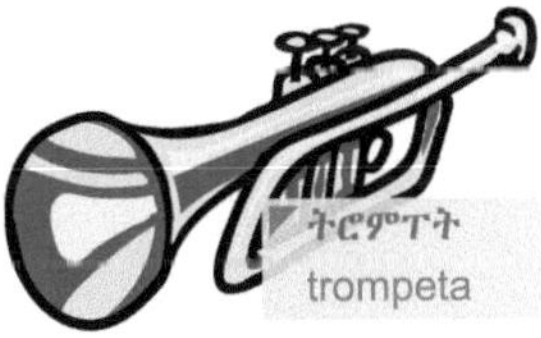

ትሮምፐት
trompeta

ጊታር
guitarra

ፒያኖ

piano

ቪዮሊን

violín

ባስ ጊታር

bajo

ቲምንኢ

timbales

ከቦሮ

tambor

ኦርጋን

teclado

ሳክሶፎን

saxofón

ሻምብቆ

flauta

ሚክሮፎን

micrófono

መካነ እንስሳታት

zoológico

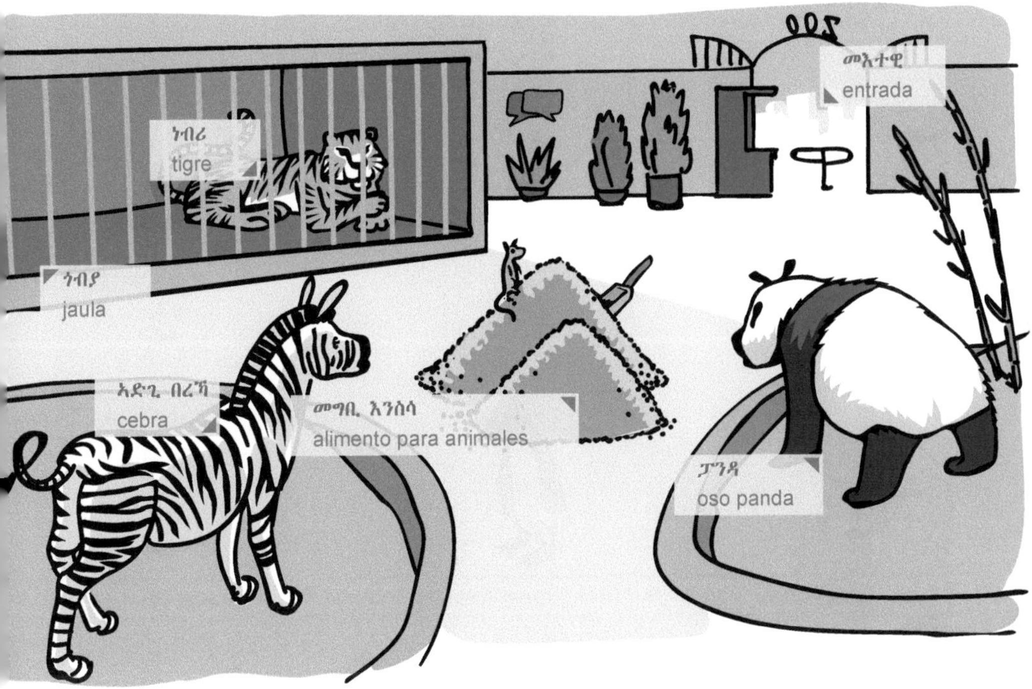

መእተዊ
entrada
ነብሪ
tigre
ጎብያ
jaula
ኣድጊ በረኻ
cebra
መግቢ እንስሳ
alimento para animales
ፓንዳ
oso panda

እንስሳታት
....
animales

ሓርማዝ
....
elefante

ካንጋሩ
....
canguro

ሓሪሽ
....
rinoceronte

ጉሪላ
....
gorila

ድቢ
....
oso

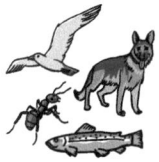

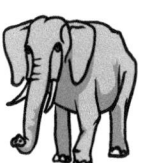

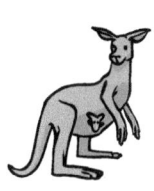

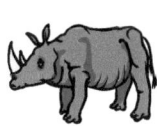

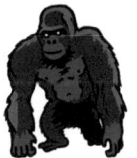

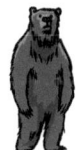

ገመል
camello

ሰጎን
avestruz

አንበሳ
león

ህበይ
mono

ፍላሚንጎ
flamenco

ሕንጸይ
loro

ድቢ በረድ
oso polar

ፐንጉን
pingüino

ከልቢ ዓሳ
tiburón

ጣውስ
pavo real

ተመን
serpiente

ሓርገጽ
cocodrilo

ሓላዊ ቤት ገርድሽ
cuidador del zoológico

ዓሳ ዚምገብ እንስሳ ባሕሪ
foca

ጃጓር
jaguar

ሓጹር ፈረስ
poni

ነብሪ
leopardo

ጉማሬ
hipopótamo

ጂራፍ
jirafa

ሊላ
águila

መፍለስ
jabalí

ዓሳ
pescado

ኑብየ
tortuga

ዋልሩስ
morsa

ወኻርያ
zorro

ሰስሓ
gacela

ናይ አሜሪካ ኩዕሶ እግሪ
fútbol americano

ምዝዋር ብሽግለታ
ciclismo

ተኒስ
tenis

ባስከትባል
básquet

ምሕምባስ
natación

ሆኪ በረድ
hockey sobre hielo

ቦክሲንግ
boxeo

ኩዕሶ እግሪ
fútbol

ባድሚንተን
bádminton

እስፖርታዊ ንጥፈታት
atletismo

ኩዕሶ ኢድ
handball

ስኪ
esquí

ፖሎ
polo

ሰሓቓ
reír

ነጠረ
saltar

ሓቖፈ
abrazar

ደረፈ
cantar

ከደ
caminar

ሓለመ
soñar

ጸለየ
rezar

ሰዓመ
besar

ጸሓፈ	ሰኣለ	ኣርኣየ
escribir	dibujar	mostrar

ደፍአ	ሃበ	ወሰደ
presionar	dar	tomar

አለወ

tener

ገበረ

hacer

ኮነ

ser

ጠጠው በለ

estar parado

ጎየየ

correr

ሰሓብ

tirar

ሰንደወ

tirar

ወደቐ

caer

ሓሰወ

estar acostado

ተጸበየ

esperar

ሰከም

llevar

ኮፍ በለ

estar sentado

ተኽድነ

vestirse

ደቀሰ

dormir

ተስአ

despertar

ረአየ

mirar

በኸየ

llorar

ብኣጻብዑ ደረዘ

acariciar

መሸጠ

peinar

ተዛረበ

hablar

ተረድአ

entender

ሓተተ

preguntar

ሰምዐ

escuchar

ሰተየ

beber

በልዐ

comer

አቐመጠ

ordenar

አፍቀረ

amar

ከሸነ

cocinar

ዘወረ

manejar

ነፈረ

volar

ብመርከብ ገየሽ

navegar

ደመረ

calcular

ኣንበበ

leer

ተመሃረ

aprender

ሰርሐ

trabajar

መርዓወ

casarse

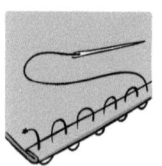

ሰፈየ

coser

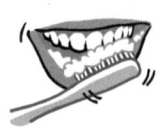

ጽሬት ኣስናን

cepillarse los dientes

ቀተለ

matar

ሽጋራ ተከኸ

fumar

ሰደደ

enviar

ስድራቤት
familia

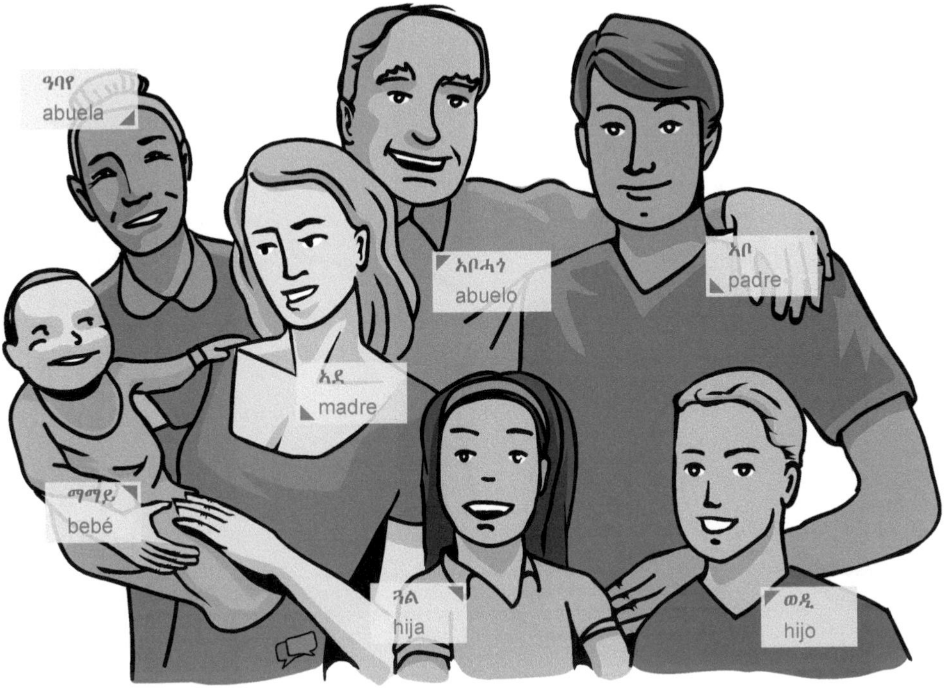

ዓባየ
abuela
ኣቦሓጎ
abuelo
ኣቦ
padre
ኣደ
madre
ማማይ
bebé
ጓል
hija
ወዲ
hijo

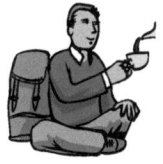

ጋሻ
....
invitado

ሓትኖ
....
tía

ኣኮ
....
tío

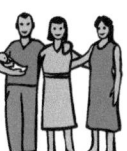

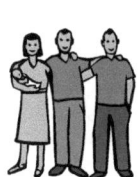

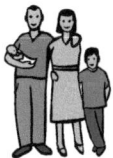

ሓው
....
hermano

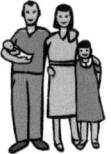

ሓፍቲ
....
hermana

ኣካላት

cuerpo

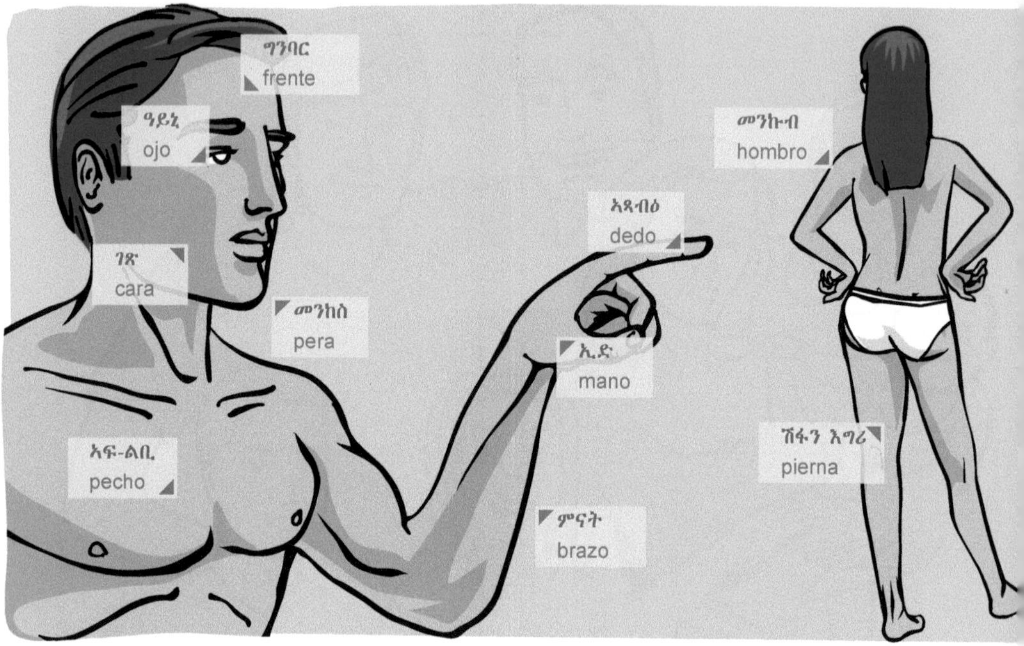

ግንባር
frente
ዓይኒ
ojo
ገጽ
cara
መንከስ
pera
ኣጻብዕ
dedo
ኢድ
mano
መንኩብ
hombro
ኣፍ-ልቢ
pecho
ምናት
brazo
ሽፋን እግሪ
pierna

ማማይ

bebé

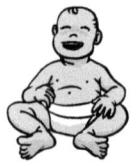

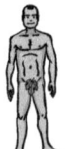

ሰብኣይ

hombre

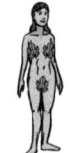

ሰበይቲ

mujer

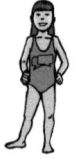

ጓል

nena

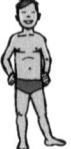

ወዲ

nene

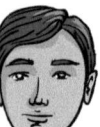

ርእሲ

cabeza

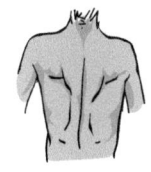

ሕቖ

espalda

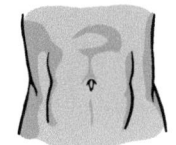

ከስዐ

panza

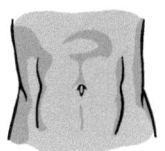

ሕምብርቲ

ombligo

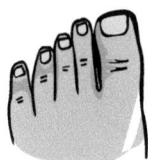

ኣጻብዕ እግሪ

dedo del pie

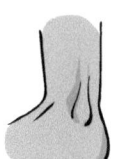

ኩርኲረ

talón

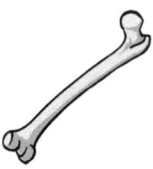

ዓጽሚ

hueso

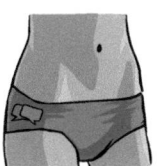

ምሕኵልቲ

cadera

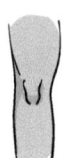

ብርኪ

rodilla

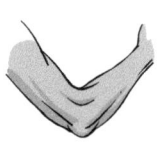

ፍግፍጕ

codo

ኣፍንጫ

nariz

መዓኮር

cola

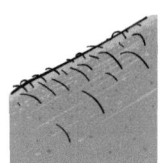

ቆርበት

piel

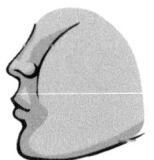

ምዕጕርቲ

cachete

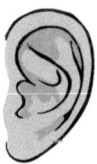

እዝኒ

oreja

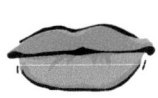

ከንፈር

labio

አፍ

boca

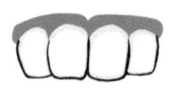

ስኒ

diente

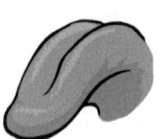

መልሓስ

lengua

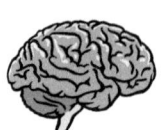

ሓንጎል

cerebro

ልቢ

corazón

ጭዋዳ

músculo

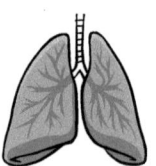

ሳንቡእ

pulmón

ጸላም ከብዲ

hígado

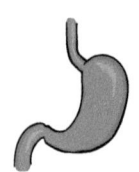

ከብዲ

estómago

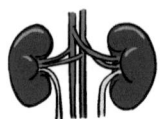

ኮሊት

riñones

ግብረ ስጋ

sexo

ኮንዶም

preservativo

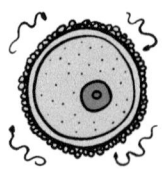

እንቋቑሓ

óvulo

ዘርኢ ተባዕታይ

semen

ጥንሲ

embarazo

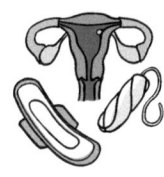

ጽግያት
....
menstruación

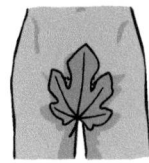

ርሕሚ
....
vagina

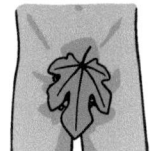

መትሎ
....
pene

ሽፋሽፍቲ
....
ceja

ጸግሪ
....
pelo

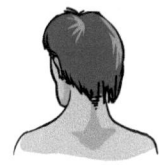

ክሳድ
....
cuello

ሆስፒታል

hospital

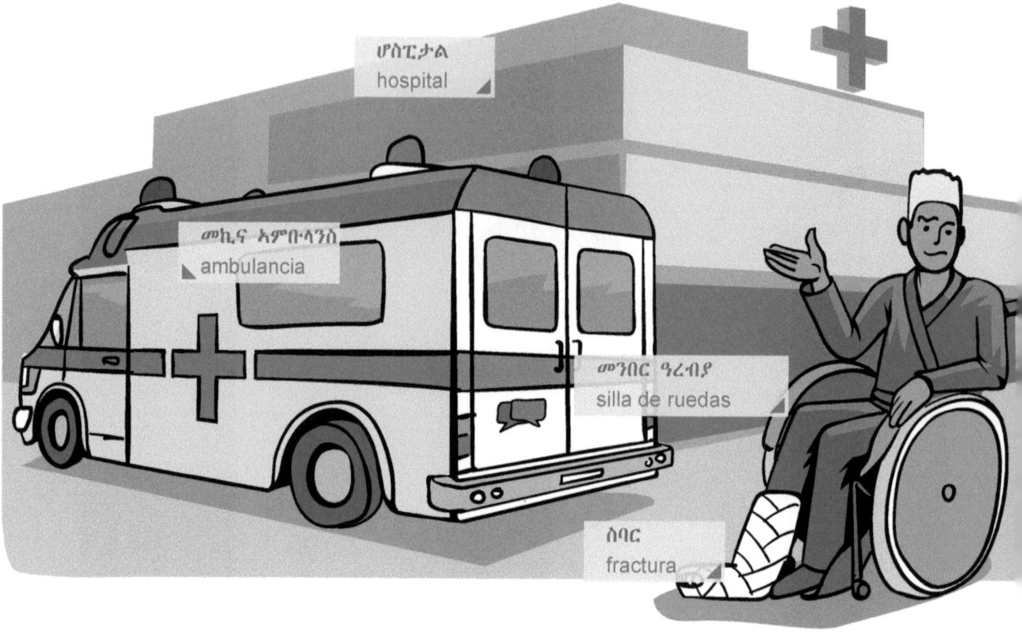

ሆስፒታል
hospital
መኪና ኣምቡላንስ
ambulancia
መንበር ዓረብያ
silla de ruedas
ስባር
fractura

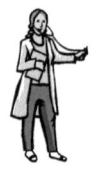

ሓኪም

médico

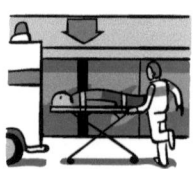

ክፍሊ ህጹጽ ረድኤት

sala de guardia

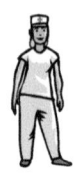

ኣላይት

enfermera

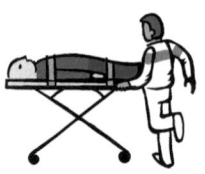

ህጹጽ ኩነት

emergencia

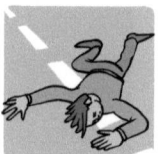

ውነኡ ዘጥፍአ

inconsciente

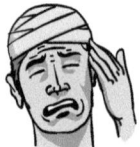

ቃንዛ

dolor

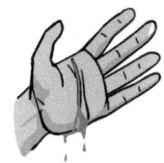

ጉድኣት

lesión

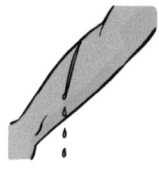

ደም

hemorragia

ማህረምቲ

infarto

ማህረምቲ

ACV

ኣለርጂ

alergia

ሰዓል

tos

ረስኒ

fiebre

ኡንፍልወንዛ

gripe

ውጽኣት

diarrea

ቃንዛ ርእሲ

dolor de cabeza

መንሽሮ

cáncer

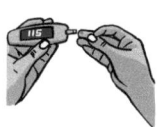

ሹኮርያ

diabetes

ሓኪም መጥባሕቲ

cirujano

መጥብሒ

bisturí

መጥባሕቲ

operación

CT
TC

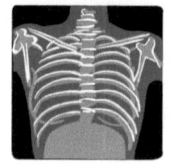

ራጂ
rayos x

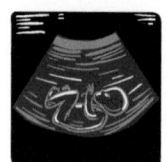

ልዕለ ድምጸዊ
ecografía

መሸፈኒ ገጽ
barbijo

ሕማም
enfermedad

ክፍሊ ምጽባይ
sala de espera

ምርኩስ
muleta

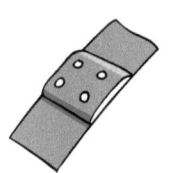

መጅነኒ ቁስሊ
curita

መጅነኒ
venda

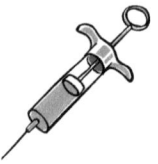

መርፍዕ ምውጋእ
inyección

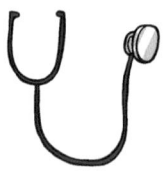

ስተቶስኮፕ
estetoscopio

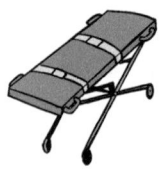

መሰከሚ ሕማም
camilla

ቴርሞመተር
termómetro

ትውልዲ
nacimiento

ልዕለ-ሚዛን
sobrepeso

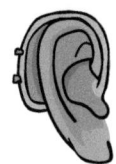

ሓገዝ ምስማዕ
....
audífono

ኣንጺሂ
....
desinfectante

ልበዳ
....
infección

ቫይረስ
....
virus

ኤድስ
....
VIH / SIDA

ሕክምና
....
remedio

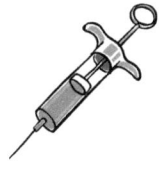

ክታበ
....
vacunación

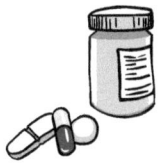

ኪኒና
....
comprimidos

ኪኒና
....
pastilla anticonceptiva

ህጹጽ ምድዋል
....
llamada de emergencia

መዕቀኒ ጸቕጢ ደም
....
tensiómetro

ሕሙም / ጥዑይ
....
enfermo / sano

ሓገዝ

¡Ayuda!

አላርም

alarma

ምህጃም

agresión

መጥቃዕቲ

ataque

ድንገት

peligro

ህጹጽ መውጽኢ

salida de emergencia

ሓዊ!

¡Fuego!

መጥፍኢ ሓዊ

matafuego

ሓደጋ

accidente

ሳንጣ ቀዳማይ ረድኤት

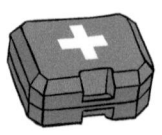

botiquín de primeros
auxilios

SOS

SOS

ፖሊስ

policía

ኤውሮጳ

Europa

ሰሜን አሜሪካ

América del Norte

ደቡብ አሜሪካ

América del Sur

አፍሪቃ

África

ኤስያ

Asia

አውስትራልያ

Australia

አትላንቲክ

Atlántico

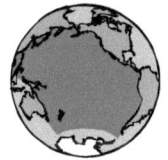

ፓሲፊክ

Pacífico

ህንዳዊ ዉቅያኖስ

Océano Índico

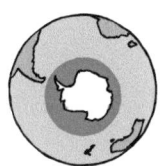

አንታርቲካዊ ዉቅያኖስ

Océano Antártico

አርክቲካዊ ዉቅያኖስ

Océano Ártico

ሰሜናዊ ዋልታ

polo norte

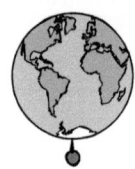

ደቡባዊ ዋልታ

polo sur

አንታርቲካ

Antártida

ምድሪ

Tierra

መሬት

tierra

ባሕሪ

mar

ደሴት

isla

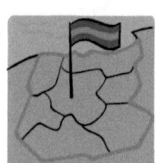

ሃገር

nación

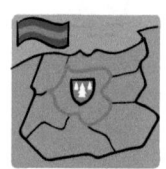

ዓዲ

estado

ገጽ ሰዓት

esfera

አመልካቲ ሰዓታት

manecilla de las horas

አመልካቲ ደቃይቕ

minutero

አመልካቲ ካልኢት

segundero

ሰዓት ክንደይ አሎ?

¿Qué hora es?

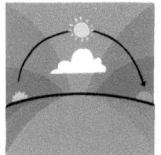

መዓልቲ

día

ግዜ

hora

ሕጂ

ahora

ዲጂታል ሰዓት

reloj digital

ደቒቕ

minuto

ሰዓት

hora

semana

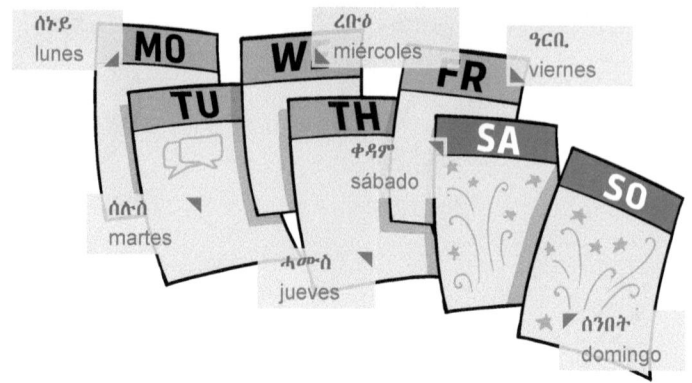

lunes MO
TU
W miércoles
FR viernes
TH
SA
martes
sábado
jueves
SO
domingo

ሰኑይ lunes
ሰሉስ martes
ረቡዕ miércoles
ሓሙስ jueves
ዓርቢ viernes
ቀዳም sábado
ሰንበት domingo

ትማሊ
....
ayer

ሎሚ
....
hoy

ጽባሕ
....
mañana

ንጉሆ
....
mañana

ቀትሪ
....
mediodía

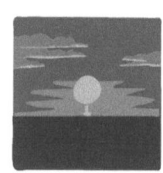

ምሸት
....
tarde

MO	TU	WE	TH	FR	SA	SU
1	2	3	4	5	6	7
8	9	10	11	12	13	14
15	16	17	18	19	20	21
22	23	24	25	26	27	28
29	30	31	1	2	3	4

መዓልታት ስራሕ
....
días hábiles

MO	TU	WE	TH	FR	SA	SU
1	2	3	4	5	6	7
8	9	10	11	12	13	14
15	16	17	18	19	20	21
22	23	24	25	26	27	28
29	30	31	1	2	3	4

መወዳእታ ሰሙን
....
fin de semana

ዓመት

año

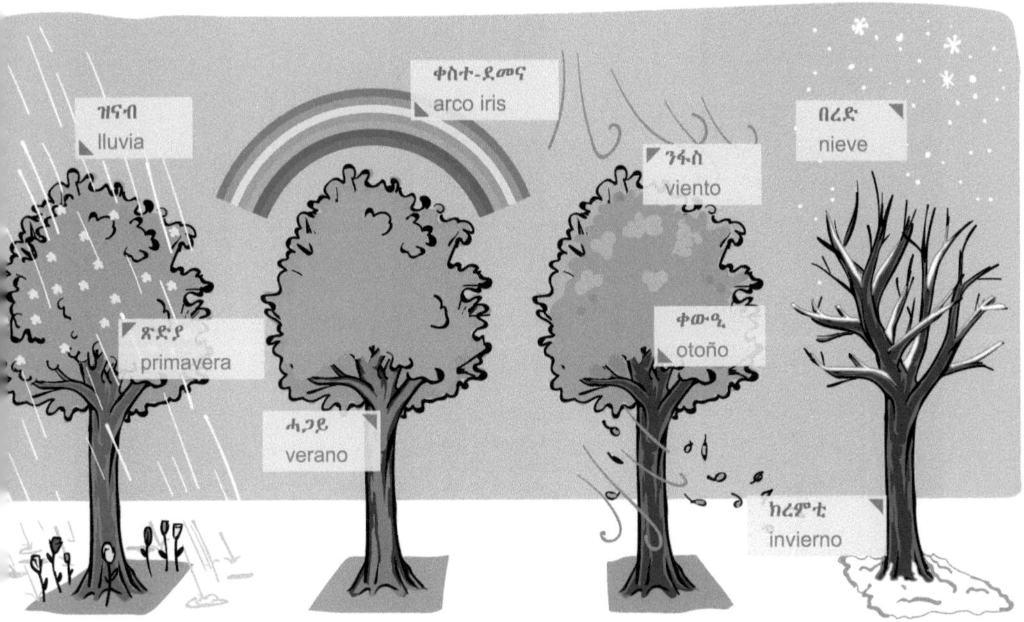
ዝናብ
lluvia
ቀስተ-ደመና
arco iris
ንፋስ
viento
በረድ
nieve
ጽድያ
primavera
ሓጋይ
verano
ቀውዒ
otoño
ክረምቲ
invierno

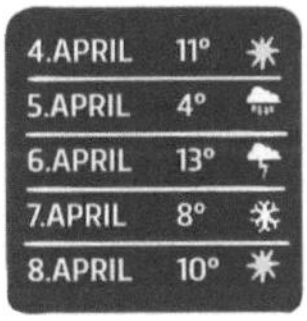
4.APRIL 11°
5.APRIL 4°
6.APRIL 13°
7.APRIL 8°
8.APRIL 10°

ትንቢት ኩነታት ኣየር
....
pronóstico meteorológico

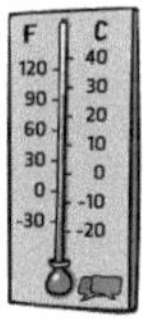
F C
120 40
90 30
60 20
30 10
0 0
-30 -10
-20

ቴርሞመተር
....
termómetro

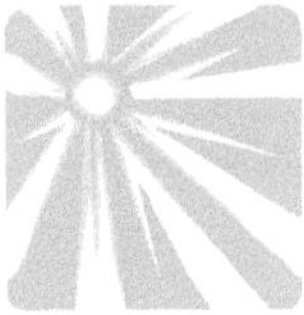

ብርሃን ጸሓይ
....
luz del sol

ደበና
....
nube

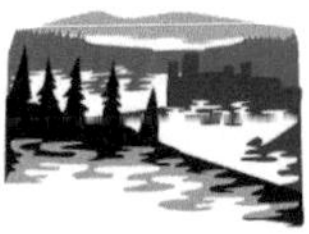

ግመ
....
niebla

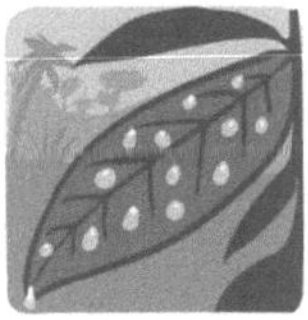

ጠሊ
....
humedad

ብርቂ
....
rayo

ነጎዳ
....
trueno

ህቦብላ
....
tormenta

በረድ
....
granizo

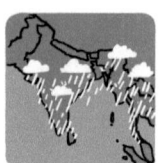

ብርቱዕ ህቦብላ
....
monzón

ውሕጅ
....
inundación

በረድ
....
hielo

ጥሪ
....
enero

ለካቲት
....
febrero

መጋቢት
....
marzo

ሚያዝያ
....
abril

ጉንበት
....
mayo

ሰነ
....
junio

ሓምለ
....
julio

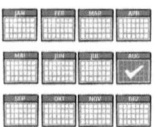

ነሓሰ
....
agosto

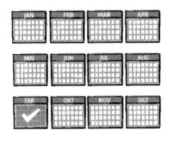

መስከረም

septiembre

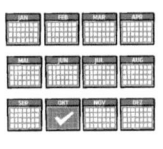

ጥቅምቲ

octubre

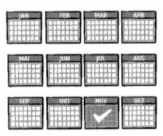

ሕዳር

noviembre

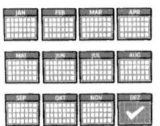

ታሕሳስ

diciembre

ቅርጻታት

formas

ዙርያ

círculo

ትርብዒት

cuadrado

ቅኑዕ ርቡዕ ኵርናዕ

rectángulo

ስሉስ ኵርናዕ

triángulo

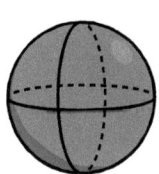

ክቢ

esfera

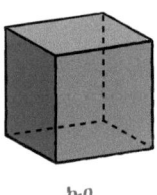

ኩቦ

cubo

ጸዕዳ

blanco

ብጫ

amarillo

ኣራንጂ

naranja

ፒንክ

rosa

ቀይሕ

rojo

ጁኽ

violeta

ሰማያዊ

azul

ቀጠልያ

verde

ቡናዊ

marrón

ሓሙኽሽታይ

gris

ጸሊም

negro

ብዙሕ / ውሑድ

mucho / poco

ሕሩቕ / ሰላማዊ

enojado / tranquilo

ጽቡቕ / ክፉእ

lindo / feo

መጀመርያ / መወዳእታ

principio / fin

ዓቢ / ንእሽቶ

grande / chico

ብሩህ / ጸልማት

claro / oscuro

ሓው / ሓፍት

hermano / hermana

ጽሩይ / ርሳሕ

limpio / sucio

ምሉእ / ዘይምሉእ

completo / incompleto

መዓልቲ / ለይቲ

día / noche

ሙዉት / ህልው

muerto / vivo

ሰፊሕ / ጸቢብ

ancho / angosto

ደስ ዘበል / ደስ ዘይብል

comestible / no comestible

እኩይ / ህያዋይ

malo / amable

ርቡጽ / ስልኩይ

entusiasmado / aburrido

ረጊድ / ቀጢን

gordo / flaco

ቀዳማይ / ናይ መወዳእታ

primero / último

ዓርኪ / ጸላኢ

amigo / enemigo

ምሉእ / ባዶ

lleno / vacío

ተሪር / ልስሉስ

duro / blando

ከቢድ / ፈኩስ

pesado / liviano

ጥምየት / ጽምየት

hambre / sed

ሕሙም / ጥዑይ

enfermo / sano

ዘይሕጋዊ / ሕጋዊ

ilegal / legal

መስተውዓሊ / ስዲ

inteligente / estúpido

ጸጋም / የማን

izquierda / derecha

ቐረባ / ርሑቕ

cerca / lejos

ሓዲሽ / ብሱይ
....
nuevo / usado

ወላ ሓደ / ገለ
....
nada / algo

ዓቢ/ኣረጊት / መንእሰይ
....
viejo / joven

ወልዕ / ኣጥፍእ
....
encendido / apagado

ክፉት / ዕጹው
....
abierto / cerrado

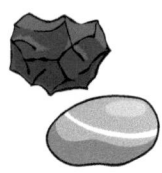

ህዱእ / ዓው
....
silencioso / ruidoso

ሃብታም / ድኻ
....
rico / pobre

ቅኑዕ / ግጉይ
....
correcto / incorrecto

ሓርፋፍ / ልሙጽ
....
áspero / suave

ጉሁይ / ሕጉስ
....
triste / contento

ሓጺር / ነዊሕ
....
corto / largo

ቀስ / ቅልጡፍ
....
lento / rápido

ጥሉል / ንቑጽ
....
mojado / seco

ምዉቕ / ዝሑል
....
caliente / frío

ውግእ / ሰላም
....
guerra / paz

números

0	**1**	**2**
ዜሮ	ሓደ	ክልተ
cero	uno	dos
3	**4**	**5**
ሰለስተ	ኣርባዕተ	ሓሙሽተ
tres	cuatro	cinco
6	**7**	**8**
ሽዱሽተ	ሽውዓተ	ሸሞንተ
seis	siete	ocho
9	**10**	**11**
ትሽዓተ	ዓሰርተ	ዓሰርተ ሓደ
nueve	diez	once

12
ዓሰርተ ክልተ

doce

13
ዓሰርተ ሰለስተ

trece

14
ዓሰርተ ኣርባዕተ

catorce

15
ዓሰርተ ሓሙሽተ

quince

16
ዓሰርተ ሽዱሽተ

dieciséis

17
ዓሰርተ ሸውዓተ

diecisiete

18
ዓሰርተ ሸሞንተ

dieciocho

19
ዓሰርተ ትሽዓተ

diecinueve

20
ዕስራ

veinte

100
ሚእቲ

cien

1.000
ሽሕ

mil

1.000.000
ሚልዮን

millón

እንግሊዝኛ

inglés

አመሪካዊ እንግሊዛዊ

inglés americano

ቻይናዊ ማንዳሪን

chino mandarín

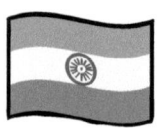

ሂንዳዊ

hindi

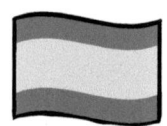

እስጳኛዊ

español

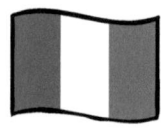

ፈረንሳዊ

francés

ዓረባዊ

árabe

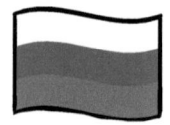

ሩሲያዊ

ruso

ፖርቱጋላዊ

portugués

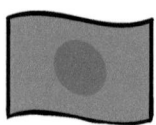

በንጋሊ

bengalí

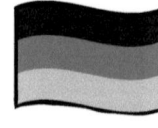

ጀርመናዊ

alemán

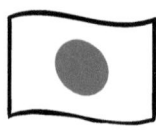

ጃፓናዊ

japonés

አነ
yo

ንስኻ/ኺ.
vos

ንሱ / ንሳ / ንሱ
él / ella

ንሕና
nosotros

ንስኻ
ustedes

ንሳቶም
ellos

መን?
¿quién?

እንታይ?
¿qué?

ከመይ?
¿cómo?

ኣበይ?
¿dónde?

መዓስ?
¿cuándo?

ሽም
nombre

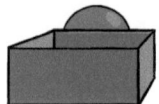

ድሕሪ

detrás

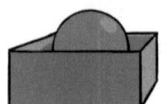

አብ

en

አብ ቅድሚ

adelante de

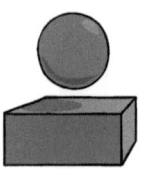

አብ ላዕሊ

por encima de

አብ ልዕሊ

sobre

ትሕቲ ምድሪ

debajo de

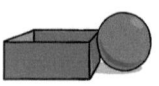

አብ ጥቓ

al lado de

አብ መንጎ

entre

በታ

lugar